Tadpole Books are published by Jump!, 5357 Penn Avenue South, Minneapolis, MN 55419, www.jumplibrary.com

Editor: Jenna Trnka **Designer:** Anna Peterson **Translator:** Annette Granat
Photo Credits: Asaf Weizman/Shutterstock, cover, 4–5; Gudkov Andrey/Shutterstock, 1; Raffaele Passariello/Dreamstime, 2–3, 16tr; Fitzthum Photography/Shutterstock, 6–7, 16br; pictures by albi/Shutterstock, 8–9, 16tm; Kiki Dohmeier/Shutterstock, 10–11, 16tl; drinhaus/Adobe Stock, 12–13, 16bm; Vladimir Muller/Shutterstock, 14–15, 16bl.

Library of Congress Cataloging-in-Publication Data

Names: Nilsen, Genevieve, author.
Title: Las crías del gorila / por Genevieve Nilsen.
Other titles: Gorilla infants. Spanish
Description: Tadpole edition. | Minneapolis, MN: Jump!, Inc., (2019) | Series: Animales bebés de los safaris |
Audience: Age 3–6. | Includes index. | Identifiers: LCCN 2018037634 (print) | LCCN 2018038692 (ebook) | ISBN 9781641285445 (ebook) |
ISBN 9781641285438 (hardcover : alk. paper) | ISBN 9781641286817 (pbk.)
Subjects: LCSH: Gorilla—Infancy—Juvenile literature.
Classification: LCC QL737.P94 (ebook) | LCC QL737.P94 N5518 2019 (print) | DDC 599.8841392—dc23
LC record available at https://lccn.loc.gov/2018037634

LAS CRÍAS DEL GORILA

por Genevieve Nilsen

TABLA DE CONTENIDO

tadpole
en español

LAS CRÍAS
DEL GORILA

cría

¡Mira la cría!

Es un gorila bebé.

mamá

Se queda con mamá.

Come.

Camina.

Juega.

Duerme.
¡Buenas noches!

REPASO DE PALABRAS

camina   come   cría

duerme   juega   mamá

ÍNDICE